Antoine de Saint-Exupéry in den 1920er Jahren

Antoine de Saint-Exupéry

Herzensworte

Die schönsten Zitate
Ausgewählt von Ernst Kemmner

Reclam

RECLAMS UNIVERSAL-BIBLIOTHEK Nr. 19598
2019 Philipp Reclam jun. Verlag GmbH,
Siemensstraße 32, 71254 Ditzingen
Druck und Bindung: Kösel GmbH & Co. KG,
Am Buchweg 1, 87452 Altusried-Krugzell
Printed in Germany 2020
RECLAM, UNIVERSAL-BIBLIOTHEK und
RECLAMS UNIVERSAL-BIBLIOTHEK sind eingetragene Marken
der Philipp Reclam jun. GmbH & Co. KG, Stuttgart
ISBN 978-3-15-019598-7

Auch als E-Book erhältlich

www.reclam.de

Herzensworte

Liebe, Freundschaft, Glück

Wenn ein Zufall die Liebe weckt, ordnet sich alles im Menschen dieser Liebe gemäß, und die Liebe vermittelt ihm das Gefühl für die Weite. **PG**

✶

Ist die Liebe erst einmal gekeimt, treibt sie Wurzeln, die nie mehr aufhören zu wachsen. **PG**

✶

Wenn ich eine Frau schön finde, kann ich nichts über sie sagen. Ich sehe sie lächeln, ganz einfach. Die Intellektuellen zerlegen ihr Gesicht in seine einzelnen Teile, um es zu erklären, doch das Lächeln sehen sie nicht mehr. Erkennen heißt nicht zerlegen, auch nicht erklären. Es heißt zum Sehen gelangen. Um aber zu sehen, sollte man erst einmal teilhaben. Das ist eine harte Lehre … **PG**

Die Liebe eignet sich nicht für Diskussionen. Sie ist. **PG**

✦

Liebe bringt mich nicht zum Sprechen: Sie hindert mich am Sprechen. Sie befreit mich nicht, sie schließt mich ein. Und zugleich bedarf ich ihrer ... Liebe macht mich wirr. Dann enttäusche ich und bin voller Widersprüche. Doch sobald Zärtlichkeit oder Freundschaft in mir gekeimt sind, behaupten sie ihren Platz. **LH**

✦

Verwechsle nicht die Liebe mit dem Rausch des Besitzens, der die schlimmsten Leiden mit sich bringt. Denn ganz im Gegensatz zur landläufigen Meinung verursacht Liebe kein Leid. Leid verursacht der Besitzanspruch, und der ist das Gegenteil von Liebe. **Cit**

Man muss ein Kind lange Zeit säugen, bevor es fordernd wird. Man muss eine Freundschaft lange Zeit pflegen, bevor der Freund verlangt, was ihm zusteht. LO

✳

Der Liebende lügt, der behauptet, er sei Tag und Nacht vom Bild seiner Liebsten erfüllt. Ein Floh bringt ihn davon ab, denn er sticht ihn. Oder schlicht die Langeweile, und schon gähnt er. Cit

✳

Freundschaft erkenne ich daran, dass sie nicht enttäuscht werden kann, und wahre Liebe erkenne ich daran, dass sie nicht beschädigt werden kann. Cit

✳

Will man geliebt werden, so genügt es, wenn man klagt. Ich klage kaum, oder ich verberge es. VN

Weil ich einer von ihnen bin, werde ich die Meinen niemals verleugnen, was auch immer sie tun. Ich werde niemals vor anderen gegen sie reden. Und wenn es möglich ist, sie zu verteidigen, werde ich sie verteidigen. Und wenn sie Schande über mich bringen, werde ich diese Schande in meinem Herzen verschließen, werde schweigen. Was auch immer ich dann über sie denken werde, nie werde ich mich zum Belastungszeugen machen. **PG**

✳

Eigenliebe ist das Gegenteil von Liebe. **Cit**

✳

Ein Freund ist zuallererst der, der nicht urteilt. **Cit**

✳

Wahre Liebe ist nicht zu erschöpfen. Je mehr du gibst, desto mehr bleibt dir. **Cit**

Trauer um eine Liebe ist immer noch Liebe … und wo keine Liebe mehr ist, ist auch keine Trauer um die Liebe. **Cit**

✳

Ich habe nie anders gesprochen, gehandelt, geschrieben denn aus Liebe. Ich empfinde mehr Liebe für mein Land als alle anderen zusammen. Sie lieben nur sich selbst. Eigenartig, dieses unaufhaltsame Schicksal, das ganz langsam dahingleitet, ohne dass ich dagegen ankann, wie ein Berg. Ich bin mit mir und meinem Leben im Reinen, nie habe ich aus Hass gehandelt oder aus Groll oder um des Vorteils willen. **LCh**

✳

Wenn wir unseren Brüdern in einem gemeinsamen Ziel verbunden sind, das außerhalb unserer selbst liegt, erst dann können wir atmen, und die Erfahrung zeigt, dass lieben nicht heißt, einander anzublicken, sondern gemeinsam in dieselbe Richtung zu blicken. Es gibt keine Kameraden, wenn sie nicht in derselben Seilschaft vereint sind, zum selben Gipfel hin, und darin zusammenfinden. **TdH**

Nichts wird freilich jemals den Kameraden ersetzen, den man verloren hat. Alte Kameraden kann man nicht einfach so erschaffen. Nichts hat so viel Wert wie der Schatz an derart vielen gemeinsamen Erinnerungen, derart vielen Zerwürfnissen, Versöhnungen, Herzensregungen. Solche Freundschaften lassen sich nicht von neuem erschaffen. Wenn man eine Eiche pflanzt, ist die Hoffnung, man könne demnächst unter ihrem Laubwerk ruhen, vergebens.

So geht es im Leben. Erst haben wir Reichtümer erworben, haben jahrelang gepflanzt, doch dann kommen die Jahre, da die Zeit diese Arbeit zunichte macht und ausholzt. Einer nach dem anderen entziehen uns die Kameraden ihren Schatten. Und in unsere Trauer mischt sich der geheime Schmerz des Alterns. **TdH**

Wir hatten endlich zueinander gefunden. Man geht lange Seite an Seite den gemeinsamen Weg, jeder in seinem Schweigen gefangen, oder aber man wechselt Worte, die nichts zu sagen haben. Doch dann kommt die Stunde der Gefahr. Man rückt dann zusammen. Man wird gewahr, dass man derselben Gemeinschaft angehört. Man wird weiter, wenn man eines anderen Geistes gewahr wird. Man schaut sich mit breitem Lächeln an. Man gleicht dem entlassenen Sträfling, der über die unendliche Weite des Meeres staunt. **TdH**

Kinder

Ich nahm einem Paar gegenüber Platz. Zwischen dem Mann und der Frau hatte das Kind sich so gut es ging eine Kuhle gemacht und schlief. Im Schlaf drehte es sich um, und unter dem Nachtlicht erschien sein Gesicht. Ach, welch entzückendes Gesicht. Diesem Paar war eine Art goldene Frucht entsprungen. Den abgetragenen Sachen war dieses Glanzstück an Zauber und Grazie entsprungen. Ich beugte mich über die faltenlose Stirn, die geschürzten Lippen, und sagte mir: »Das Gesicht eines Musikers, Mozart als Kind, ein Versprechen an das Leben. Die kleinen Prinzen aus den Sagen waren keineswegs anders. Was könnte nicht alles aus ihm werden, wenn man es hütet, ihm beisteht, es hegt und es pflegt.« **Rep**

✦

»Nur Kinder wissen, wonach sie suchen«, bemerkte der kleine Prinz. »Sie verschwenden ihre Zeit an eine Puppe aus Lumpen, die wird ungeheuer wichtig; und wenn man sie ihnen wegnimmt, weinen sie …« **PP**

Antoine (2. von rechts) und seine Geschwister

Die Erwachsenen verstehen nie etwas von selbst, und für Kinder ist es anstrengend, ihnen immer und ewig alles zu erklären … **PP**

✳

Alle Erwachsenen waren zuerst Kinder. (Aber wenige von ihnen erinnern sich daran.) **PP**

✳

Erwachsene lieben Zahlen. Wenn ihr ihnen von einem neuen Freund erzählt, erkundigen sie sich nie nach dem, worauf es ankommt. Nie werdet ihr von ihnen hören: »Wie klingt seine Stimme? Womit spielt er am liebsten? Sammelt er Schmetterlinge?« Sie fragen: »Wie alt ist er? Wie viele Geschwister hat er? Wie viel wiegt er? Wie viel verdient sein Vater?« Erst dann glauben sie, dass sie ihn kennen. Wenn ihr Erwachsenen sagt: »Ich habe ein schönes Haus gesehen, aus hellroten Ziegelsteinen, mit Geranien an den Fenstern und Tauben auf dem Dach …«, können sie sich dieses Haus nicht vorstellen. Man muss ihnen sagen: »Ich habe ein Haus gesehen, das ist hunderttausend Francs wert.« Dann rufen sie gleich: »Ach, wie hübsch!« **PP**

Leben, Werden, Vergehen

Leben heißt, langsam geboren werden. Es wäre etwas zu einfach, könnte man auf fertige Seelen zurückgreifen. Manchmal scheint eine plötzliche Erleuchtung ein Schicksal in eine neue Richtung zu lenken. Die Erleuchtung aber ist nichts anderes, als dass der Geist ganz plötzlich einen Weg erblickt, der schon lange bereitet war. **PG**

Höre nicht auf die, die dir einen Dienst erweisen wollen, indem sie dir raten, eines deiner Ziele aufzugeben. Du kennst deine Bestimmung, kennst sie, weil sie schwer in dir wiegt. Und wenn du sie verrätst, bist du es, den du entstellst, doch wisse auch, dass die Wahrheit sich langsam entfaltet, denn sie ist das Sprießen eines Baumes, nicht eine Formel, auf die man plötzlich stößt, denn erst einmal spielt die Zeit eine Rolle, und für dich geht es darum, ein anderer zu werden und mühsam einen Berg zu erklimmen. **Cit**

Gewiss, Perfektion ist nicht zu erreichen. Ihr einziger Sinn besteht darin, dir auf deinem Weg als Leitstern zu dienen. Sie gibt die Richtung vor, die Orientierung. Doch was zählt, ist allein der Weg. **Cit**

✳

Eine Kathedrale ist etwas ganz anderes als eine Summe von Steinen. Sie ist Geometrie und Architektur. Nicht die Steine definieren sie, sie ist es, die den Steinen ihre eigene Bedeutung einschreibt. Diese Steine werden dadurch geadelt, dass sie Steine einer Kathedrale sind. Dabei stehen die unterschiedlichsten Steine im Dienst ihrer Einheit. Selbst die fratzenhaftesten Wasserspeier werden in den Lobgesang der Kathedrale einbezogen. **PG**

✳

Man entdeckt die Wahrheit nicht, man erschafft sie. Wahrheit ist das, was man klar ausdrückt. **Carn**

Ich habe lange über den Sinn des Friedens nachgedacht. Er kommt erst, wenn Kinder geboren sind, Ernten eingebracht, wenn das Haus endlich aufgeräumt ist. Er kommt aus der Ewigkeit, in die die vollendeten Dinge eingehen. Der Friede der vollen Scheunen, der schlafenden Lämmchen, der zusammengelegten Wäsche, der Friede der einzigen Vollendung, der Friede dessen, das man Gott zum Geschenk macht, wenn es gelungen ist. **Cit**

✳

Die Wahrheit ist für den Menschen das, was ihn zum Menschen macht. **Art**

✳

Nach der Wahrheit muss man graben wie nach einem Brunnen. **Cit**

Ich habe ein Chamäleon gezähmt. Zähmen ist hier meine Aufgabe. Ein hübsches Wort, es passt gut zu mir. Und mein Chamäleon kommt mir vor wie ein vorsintflutliches Tier. Es ähnelt einem Saurier. Es bewegt sich außerordentlich langsam, mit geradezu menschlicher Vorsicht, und verfällt in endloses Sinnieren. Über Stunden bleibt es reglos. Es scheint aus grauer Vorzeit zu stammen. Und abends träumen wir beide. **LM**

✴

Ich brauche nichts. Weder Geld, noch Vergnügungen, noch Gesellschaft. Was ich ganz dringend brauche, ist Frieden. **LCh**

✴

Mit der Kultur ist es wie mit dem Weizen. Der Weizen ernährt den Menschen, der Mensch, seinerseits, erhält den Weizen, den er in die Scheuer fährt. Von Korngeneration zu Korngeneration wird das Saatgut als Vermächtnis geachtet. **PG**

Von den Stationen auf dem Weg kannst du nichts wissen, sie sind lediglich eine Erfindung der Sprache. Nur die eingeschlagene Richtung hat einen Sinn. Worauf es ankommt, ist, unterwegs zu sein, und nicht, angekommen zu sein, denn man kommt nie irgendwo an, außer im Tod.   **Cit**

✳

Der Verstorbene ist, hält man sein Angedenken in Ehren, gegenwärtiger und mächtiger als der Lebende.   **Cit**

✳

Die Vergangenheit ist unumstößlich, doch die Gegenwart wird dem Erbauer in Einzelteilen vor die Füße geworfen, und es ist an euch, daraus die Zukunft zu schmieden.   **Cit**

✳

Treue besteht darin, sich selbst treu zu sein.   **Cit**

Jeder Fortschritt hat uns etwas weiter aus Gewohnheiten herausgetrieben, die wir kaum erst angenommen hatten, und wir sind wahrhaftig Auswanderer, die ihre Heimstatt noch nicht begründet haben.   TdH

✳

Wer einzig in der Hoffnung auf materiellen Gewinn kämpft, wird tatsächlich nichts ernten, für das es sich zu leben lohnt.   TdH

✳

Wir alle sind junge Barbaren, die ihr neues Spielzeug noch immer verzückt.   TdH

✳

Was erschaffen wird, was entsteht, wird logisch sein. Aber nein: Was logisch ist, wird entstehen.   Carn

Ihm wurde klar, dass er das, was dem Menschen das Leben versüßt, nach und nach auf sein Alter hinausgeschoben hatte, auf »wenn er Zeit hätte«. Als könne man tatsächlich eines Tages Zeit haben, als könne man, am Ausgang des Lebens, jenen glückseligen Frieden erringen, den man sich vorstellt. Aber es gibt keinen Frieden. Es gibt vielleicht nicht einmal etwas zu erringen. **VN**

✸

Wir verlangen nicht, ewig zu sein, aber dass Taten und Dinge nicht plötzlich ihren Sinn verlieren. Dann wird die Leere sichtbar, die uns umgibt … **VN**

✸

Nur der Geist kann, wenn er den Lehm behaucht, den Menschen erschaffen. **TdH**

Die Horizonte, nach denen wir strebten, sind einer nach dem anderen verloschen, gleich Insekten, die ihren Glanz verlieren, sobald man sie in die warmen Hände schließt. **TdH**

✳

Wenn durch Mutation in den Gärten eine neue Rose entsteht, versetzt das sämtliche Gärtner in Aufruhr. Man umhegt sie, zieht sie heran, begünstigt sie. Für Menschen aber gibt es keine Gärtner. **TdH**

✳

Die Raupe stirbt, wenn sie sich verpuppt. Die Pflanze stirbt, wenn sie Korn wird. Jeder, der sich wandelt, erfährt Traurigkeit und Angst. ... Das Kind, das sich entwickelt und die Gewöhnung an die Mutter verloren hat, wird so lange keine Ruhe haben, bis es die Frau gefunden hat. Sie allein wird es wieder heil machen. **Cit**

In Gärten ergeht man sich. Man kann schweigen und atmen. Man fühlt sich wohl. Und die freudigen Überraschungen kommen einem ganz einfach entgegen. Man braucht nichts zu suchen. Ein Schmetterling, ein Käfer, ein Glühwürmchen taucht auf. Über das Volk der Glühwürmchen weiß man gar nichts. Man träumt vor sich hin. Der Käfer scheint genau zu wissen, wohin er strebt. Er hat es sehr eilig. Das ist erstaunlich, und man träumt weiter. Dann der Schmetterling. Wenn er sich auf einer großen Blüte niederlässt, sagt man sich: Für ihn ist das, wie wenn er sich auf einer Terrasse in Babylon niederließe, einem hängenden Garten, der hin und her schwingt. ... Und dann schweigt man wegen drei, vier Sternen. **LR**

✳

Eine Rose ist nicht etwas, das eine Knospe bildet, sich öffnet und verwelkt. Das ist nur eine Lehrbuchbeschreibung. Eine Erörterung, die der Rose Tod ist. Eine Rose besteht nicht aus diesen aufeinanderfolgenden Zuständen. Eine Rose ist ein etwas melancholisches Fest. **LCh**

Nur das Unbekannte schreckt den Menschen. Für jeden aber, der sich ihm stellt, ist es schon nicht mehr das Unbekannte. **TdH**

✦

Echte Wunder machen kein Aufhebens. Wie einfach ist doch, wenn etwas Wesentliches geschieht. **LO**

✦

Die Demut des Herzens verlangt keineswegs, dass du dich demütigst, sondern dass du dich öffnest. Das ist der Schlüssel für den Austausch. Erst dann kannst du geben und empfangen. **Cit**

✦

Ich mag die mit unbeweglichem Herzen nicht. Jene, die keinen Austausch treiben und die nichts werden. **Cit**

Um zu bewundern, sei es auch nur ein Schmuckstück, bedarf es der Demut des Herzens.   **Cit**

✦

Es gibt die auf der Landstraße und die auf dem Feldweg. Die auf der Landstraße sind langweilig. Asphalt, Kilometersteine auf beiden Seiten – nur langweilig. Die auf der Landstraße haben ihr Ziel, wollen einen Gewinn machen, ihren Ehrgeiz befriedigen. An den Feldwegen stehen statt Kilometersteinen Nussbäume. Und man schlendert sie entlang, um Nüsse zu knabbern. Man ist da, um da zu sein. Mit jedem Schritt ist man da, um da zu sein, und nicht anderswo. Aus Kilometersteinen ist überhaupt nichts herauszuholen.   **LR**

✦

»Adieu«, sagte der Fuchs. »Hier ist mein Geheimnis. Es ist ganz einfach: Man sieht nur mit dem Herzen gut. Das Wesentliche ist für die Augen unsichtbar.« **PP**

Die Erde lehrt uns mehr über uns selbst als sämtliche Bücher. Weil sie uns Widerstand leistet. Der Mensch findet zu sich selbst, wenn er ein Hindernis zu bewältigen hat. Aber er braucht dazu ein Werkzeug. Einen Hobel, oder einen Pflug. Der Bauer auf seinem Feld entreißt der Natur nach und nach ein paar Geheimnisse, und die Wahrheiten, die er freilegt, sind universell. **TdH**

✶

Die Erde ist zugleich öde und reich. Reich an jenen geheimen, verborgenen Gärten, die nur schwer zu finden sind, zu denen uns unser Beruf jedoch, früher oder später, immer zurückführt. Die Kameraden, auch das Leben vielleicht, halten uns von ihnen fern, hindern uns, viel an sie zu denken, doch irgendwo sind sie, man weiß nicht so recht, wo, still und vergessen, aber halten uns die Treue. **TdH**

Die Erde ist das einzige Produktionsmittel, in das sehr wenig vorangegangene Arbeit einfließt. Und außerdem ist sie ein Produktionsmittel, das zunächst einmal das Wesentliche sicherstellt. Schließlich verbindet es den Menschen mit den Fragen des Lebens und dem großen Kreislauf der Natur. Es erhebt ihn, in ethischer Hinsicht, mehr als der Umgang mit der Maschine. Es gelingt mir fast immer – und ohne große Vorbereitung –, den Menschen auf die Erde zurückzuverweisen. **Carn**

✳

Die Augen aber sind blind. Man muss mit dem Herzen suchen. **PP**

✳

Das Wesentliche wiegt meistens nicht schwer. Hier war das Wesentliche anscheinend nicht mehr als ein Lächeln. Ein Lächeln ist oft das Wesentliche. Ein Lächeln dankt. Ein Lächeln belohnt. Ein Lächeln erfüllt. **LO**

Stirbt ein Mensch, so stirbt eine unbekannte Welt.

TdH

⁂

Man meint, der Mensch könne geradewegs voranschreiten. Man meint, der Mensch sei frei … Man sieht
das Seil nicht, das ihn an den Brunnen bindet, an den
Bauch der Erde, wie eine Nabelschnur. Geht er nur einen Schritt weiter, stirbt er. **TdH**

⁂

Die Pflege, die man einem Kranken angedeihen lässt,
die Aufnahme eines Geächteten, selbst die Vergebung
besitzen ihren Wert allein dank des Lächelns, von denen das Fest sein Licht empfängt. Im Lächeln finden
wir zusammen, es steht über den Sprachen, den Kas-
ten, den Parteien. **LO**

Was ich kenne, sind gerechte Menschen, nicht die Gerechtigkeit. Freie Menschen, nicht die Freiheit. Menschen, die von der Liebe beseelt sind, nicht die Liebe. Genauso wenig, wie ich die Schönheit oder das Glück kenne, aber glückliche Menschen und schöne Dinge. **Cit**

✶

Ich habe Söhne kennengelernt, die zu mir sagten: »Mein Vater ist gestorben, bevor er damit fertig war, den linken Flügel seines Hauses zu bauen. Ich baue ihn. Bevor er damit fertig war, seine Bäume zu pflanzen. Ich pflanze sie. Mein Vater ist gestorben mit dem Vermächtnis, sein Werk fortzuführen. Ich führe es fort. Oder seinem König treu zu bleiben. Ich bin treu.« Und ich hatte in jenen Häusern keineswegs das Gefühl, der Vater sei gestorben. **Cit**

Man sagt gemeinhin, wer verurteilt ist, zahle seine Schuld ab. Und mit jedem Jahr der Sühne wird eine unsichtbare Rechnung beglichen. Es mag sogar sein, dass diese Rechnung gar nicht zu begleichen ist. Man verweigert es dem Frevler, wieder ein Mensch zu werden. Und der Sträfling von fünfzig Jahren zahlt noch immer für den zwanzigjährigen Burschen, der eines Tages im Zorn getötet hat. **Rep**

✦

Einmal traf ich drei Bauern am Totenbett ihrer Mutter an. Schmerzlich, fürwahr. Ein zweites Mal war die Nabelschnur durchtrennt. Ein zweites Mal löste sich ein Knoten: der, der eine Generation mit der anderen verbindet. Diese drei Söhne waren nun allein, hatten alles noch zu lernen, waren der Tafel beraubt, um die sich die Familie an Festtagen versammelte, des Kerns, um den herum sie alle zusammenfanden. Doch wurde mir auch klar, dass durch diese Trennung ein zweites Mal das Leben gegeben wurde. Auch diese Söhne würden dereinst an der Spitze der Generationen stehen, würden zum Sammelpunkt werden, zu Patriarchen, bis zu dem Tag, an dem sie ihrerseits den Stab weitergeben würden an die Schar der Kleinen, die im Hof spielten. **Art**

Ich entsinne mich jenes Propheten mit dem harten und obendrein schielenden Blick. Er kam zu mir, und der Zorn wallte in ihm. Ein düsterer Zorn:

»Sie müssen«, sagte er, »alle vernichtet werden.«

Und ich begriff, dass er einen Sinn für Perfektion besaß. Denn einzig der Tod ist perfekt.

»Sie sündigen«, sagte er.

Ich schwieg. Wohl hatte ich diese scharf wie ein Schwert gewetzte Seele vor Augen. Aber ich dachte: »Er existiert gegen das Böse. Er existiert allein durch das Böse. Was wäre er denn ohne das Böse?«

»Was begehrst du«, fragte ich ihn, »um glücklich zu sein?«

»Den Triumph des Guten.«

Und ich begriff, dass er log. Denn er benannte mir als das Glück den Nichteinsatz und das Rosten seines Schwertes.

Und nach und nach ging mir diese gleichwohl augenfällige Wahrheit auf, dass der, der das Gute liebt, nachsichtig gegenüber dem Bösen ist. Dass der, der die Stärke liebt, nachsichtig gegenüber der Schwäche ist.

Cit

✶

Wind, Sand, Sterne

Die Wüste kommt mir immer vor wie ein riesiges offenstehendes Tor. Das empfinde ich sonst nirgends so. Könntest du nur die Sterne hier sehen, wie nackt sie sind, wie rund. Und diesen silbrigen Sand. **LAmis**

✳

Aus der Wüste kommt eine Botschaft zu mir: eine Libelle. Sie kreist um meine Lampe, und das ist sehr beunruhigend, denn sie kündigt für morgen einen Sandsturm an. Da es im Umkreis von 500 Kilometern keine Oase und kein Wasser gibt, muss der Ostwind sie hergetragen haben. Aber heute Abend gibt es nicht einen Windhauch. Und doch ist das ein Zeichen, das noch nie getrogen hat. Dieser Wind, der heute Abend lediglich eine Libelle vorausgeschickt hat, wird morgen Tonnen von Sand bis in 3000 Meter Höhe aufwirbeln. Ich fliege morgen zurück, 2000 Kilometer in dieser Glutschmiede. Das wird ein Spaß. **LL**

Ich erhalte den Auftrag, die Besatzung eines Militärflugzeugs, das wegen eines Motorschadens in der Sahara gelandet ist, mit Wasser zu versorgen. Sechs Männer, die ein Kamerad tags zuvor entdeckt hatte und die seit fünf Tagen vor Hunger und Durst fast umgekommen sind. Er hatte sie ein erstes Mal mit Proviant versorgt.

Ich nehme Lebensmittel mit, Wasser, Zigaretten, und gehe nieder. Ich finde sechs Männer vor, unter dem Kommando eines Kapitänleutnants. Alle krank, im Hemd unter den Flügeln ihres Flugzeugs ausgestreckt. Sie weinen wie kleine Kinder, als sie mich sehen, alle umarmen mich, und man nötigt mich, von dem wertvollen Wasser zu trinken. »Sonst fehlt Ihnen nichts? Sie können reparieren und weiterfliegen?« – »Geht schon. Danke.« Ich fliege wieder los. Wir sind die Bernhardinerhunde der Sahara.

So ist unser Leben als Kurierflieger. Ziemlich seltsam. LL

Saint-Exupérys Flugzeug nach einer Notlandung in der Sahara

Ich habe den Sandsturm kennengelernt. So etwas ist genauso dicht und lästig wie Nebel. Er steigt in große Höhen auf. Aber du kannst dir nicht vorstellen, wie fein der Wüstensand ist. In einer Nacht verändern 10 Meter hohe Dünen ihren Standort. Und von oben gesehen haben sie alle ein Profil, das der Fortbewegung den geringsten Widerstand bietet. Der Wind formt sie nach den neuesten Erkenntnissen der Aerodynamik. Ulkig. **LAmis**

✦

Im Herzen der Wüste erkennt man am besten, was den Menschen ausmacht. **Rep**

✦

Ich habe keine Angst vor dem Tod. Ich habe Angst vor dem, was vorbei sein wird. **LCh**

Ich schlief im Sattel. Zwei Meter vor mir zog ein Araber mein Pferd an einem Seil hinter sich her, und wir drangen wahrhaftig in die Nacht ein wie in ein Loch. Oder am Mittag auf gleichförmigem Sand wie im Zirkus, Reiter im Gallop, Gewehrknattern, Kugeln pfeifen. Alles in Bewegung, alles voller Leben und verdächtig. Hundertmal das Gefühl, ich sei in ein Wespennest geraten, ich würde niemals zu dem liegengelassenen Flugzeug gelangen können, dessen Besatzung von dem anderen Flugzeug aufgesammelt worden war und das ich reparieren und bergen will. Nur schwer zu ertragende Dinge: ein Sattel, der die Haut aufschürft, eine Hacke zum Freilegen des Flugzeugs, die die Hände wund macht, und Männer, die nur die Jagd im Sinn haben: nicht die auf Menschen, die auf Wild. Und die Nacht, die in der gesetzlosen Sahara die Ordnung wiederherstellt.   **LAmis**

Manchmal komme ich mir wie ein Idiot vor. Um so mehr, als ich wahrscheinlich in ein oder zwei Monaten mehrere Wochen lang einen kleinen Ausflug in diese Löwengrube unternehmen werde. Das hat es noch nie gegeben, und ich möchte es gern kennenlernen. Aber ich frage mich, was mir das alles bringen soll, ob es nicht klüger wäre, ein glückliches Leben zu führen. Und mir läuft auf diesem Bett das Wasser wie aus einem Schwamm, bei diesem Ostwind; in diesem Land ewigen Sandes, wo es doch in Frankreich schöne grüne Wiesen mit Bächen und Kühen gibt. Und in Paris Straßen voller Frauen. Die sich weich anfühlen. Und das Theater, die Musik, den Luxus. Ich träume vom Luxus in diesem Zimmer in einem spanischen Fort; ich träume von Aufzügen und von Badezimmern; ich träume von Badenden am Strand. Und vom Grammmophon. Und ich wähle das härteste und ungewisseste Leben, weil ich denke, dass man sonst nichts ist. **LDc**

★

Es gibt kein Abenteuer, wenn ich mich nicht darauf einlasse. **Cit**

Es geht nicht darum, ein gefährliches Leben zu führen. Dieser Ausdruck ist anmaßend. Für Toreros habe ich wenig übrig. Was ich liebe, ist nicht die Gefahr. Ich weiß, was ich liebe. Das Leben. **TdH**

✹

In Marokko habe ich mir einen kleinen Teppich gekauft. Und das ist der wahre Luxus. Er nützt mir überhaupt nichts, aber seither bin ich ein anderer Mensch, ich habe die Seele eines Besitzenden, und das belastet mich und ich brauche ein richtig schönes Zimmer um ihn herum – und er schränkt meine Bewegungsfreiheit ein und behindert mich und ich weiß, wie ich ihn zusammenschnüre und verstaue. Eine anspruchsvolle Geliebte. Aber abends, wenn ich nach Hause komme, sehe ich ihn an und fühle mich reich. Ich habe ein Fleckchen Erde, ich habe eine Heimat, ich habe einen kleinen zusammengerollten Teppich. **LL**

Dieser Flug bei Nacht mit seinen hunderttausend Sternen, diese Seelenruhe, diese ein paar Stunden während Erhabenheit ist nicht mit Geld zu bezahlen. Der Anblick einer Welt, die nach der schwierigen Wegstrecke ganz neu erscheint, diese Bäume, diese Blumen, diese Frauen, diese lächelnden Gesichter, denen das Leben, das uns im Morgengrauen wiedergegeben wurde, neuen Glanz verliehen hat, dieser Zusammenklang der kleinen Dinge, die uns für alles entschädigen, sind nicht mit Geld zu bezahlen.   **TdH**

★

Er überquerte in Frieden die Kette der Anden. Die winterlichen Schneemassen lasteten schwer und friedlich auf ihnen. Die winterlichen Schneemassen hatten diesem Massiv den Frieden gebracht, so wie die Jahrhunderte einer aufgegebenen Burg. Auf zweihundert Kilometer kein Mensch, nicht ein Lebenshauch, keinerlei Mühe. Sondern senkrechte Grate, an denen man in sechstausend Meter Höhe vorüberstreift, steil abfallende Felsschründe und eine großartige Stille.

VN

Saint-Exupéry am Steuer seines Flugzeugs

Ein paar Beispiele aus meinem letzten Nachtflug. Gegen Mitternacht war ich über dem Nebel völlig verloren, mein Funkgerät war ausgefallen. Der Posten in der Sahara, den ich hätte erreichen müssen, bevor mir das Benzin ausging, lag an der Spitze eines Kaps. Und ich fürchtete, ich wäre schon weit über ihn hinaus geflogen und über dem Meer. Die Nacht war mondlos, ich flog zwischen dem Nebel und den dichten Wolken, die die Nacht noch schwärzer machten. Es gab für mich nichts Festes mehr auf der Welt außer meinem Flugzeug. Ich befand mich »jenseits von allem«. Und dann habe ich, dicht überm Horizont, ein erstes Licht entdeckt: Ich dachte, das wäre mein Leuchtfeuer. Sie können sich die Freude über einen kleinen leuchtenden Punkt vorstellen, der alles enthält; ich nahm Kurs auf dieses Licht: Es war ein Stern. Und dann sind in meinem Sichtfeld für einen Augenblick andere Sterne über dem Horizont aufgetaucht, die zwischen Nebel und Wolken gerade aufgingen und, warum auch immer, außerordentlich stark leuchteten. Und ich steuerte nacheinander jeden von ihnen an. Wie hätte ich sie unterscheiden können? Ich musste meinen Flug ja nach irgendetwas ausrichten. Und dann, ganz plötzlich, wurde ich wütend und ertappte mich dabei, wie ich zu mir sagte:

Ich schaffe es doch nicht, den zu finden, auf dem ich wohne.« **LCr**

Acht Jahre lang habe ich das Leben eines Linienpiloten geführt. Ich bekam mein Gehalt. Ich konnte mir jeden Monat mit dem Geld von meinem Gehalt einige der Sachen leisten, die ich mir wünschte. Aber wenn meine Arbeit als Linienpilot mir zu nichts sonst verholfen hätte als zu irgendwelchen Errungenschaften, warum hätte ich sie dann so geliebt? Sie hat mir weit mehr gegeben. Ich muss aber zugeben, dass sie mich wirklich reich gemacht hat, allerdings nur dort, wo ich mehr gegeben als erhalten habe. Die Nächte, die mir etwas eingebracht haben, sind nicht die, während derer ich das Geld von meinem Gehalt ausgab, sondern diejenigen, in denen mich, zu der Zeit, als die Fluglinien gegründet wurden, in Buenos Aires morgens um 2 Uhr, als ich nach einer Reihe von Flügen und dreißig Stunden ohne Schlaf gerade erschöpft eingeschlafen war, ein Anruf wegen eines weit entfernten Zwischenfalls jäh aus dem Bett riss:

»Sofort los zur Magellanstraße …« Ich quälte mich aus dem Bett, in der Kälte des Winters, schimpfend. Ich füllte schwarzen Kaffee in mich hinein, um nicht am Steuer einzuschlafen. Dann, nach einer Stunde Autofahrt über verschlammte, provisorisch angelegte Straßen voller Schlaglöcher, kam ich bei den Kameraden auf dem Flugplatz an. Ich drückte Hände, ohne ein Wort zu sagen, noch nicht ganz wach, mürrisch, in den Gelenken das Rheuma, das der Winter nach zwei schlaflosen Nächten erzeugt … Ich ließ die Motoren anwerfen. Ich las die Wettervorhersagen wie einen Bericht über die ganze Schinderei: Stürme, Frost, Schnee … und hob ab in der Nacht, einem ungewissen Morgen entgegen.   **MAm**

Mensch und Welt

Um ein Mensch zu werden, muss man lange Zeit leben. Man flicht langsam das Netz seiner Freundschaften und Lieben. Man lernt langsam. Man setzt sein Werk langsam zusammen. Und wenn man zu früh stirbt, ist das, als werde man um seinen Ertrag geprellt: Man muss lange Zeit leben, um sich zu vollenden.   **Rep**

✳

Göttlichkeit offenbart sich im Einzelnen, der dem Mittelmaß zuwiderhandelt.   **Carn**

✳

Jeder einzelne Mensch ist ein Wunder.   **Rep**

Nirgendwo habe ich edlere Menschen kennengelernt als im Süden Argentiniens. Sie waren dort gelandet, um auf öder Erde Städte zu erbauen, und erbauten sie. In ihren Händen wurde eine Stadt zur lebendigen Knetmasse, zum Leib, den man formt, den man hütet, den man hätschelt wie den eines Kindes. Jene träumten nicht davon, den Boden auszusaugen und reich in ihre Paradiese zurückzukehren. Sie waren gekommen, um sich dort niederzulassen und zu bleiben, um dort ein Geschlecht zu begründen. Nirgendwo sonst hätte man einen solchen Sinn für das Gemeinwesen, einen solchen Sinn für gegenseitigen Beistand noch auch eine solche Gelassenheit finden können. Die Gelassenheit von Menschen, die einzig mit großen Aufgaben zu tun haben. **Art**

✳

Es ist ein Leichtes, die Ordnung einer Gesellschaft darauf zu gründen, dass ein jeder sich festen Regeln unterwirft. Es ist ein Leichtes, einen blinden Menschen zu formen, der ohne zu protestieren einem Herrn oder einer Heilslehre folgt. Aber die Leistung ist doch viel größer, wenn der Mensch, um ihn zu befreien, dazu gebracht werden kann, dass er über sich selber herrscht. **PG**

Antoine de Saint-Exupéry in Argentinien

Indem wir allein für materielle Güter arbeiten, errichten wir unser eigenes Gefängnis. Wir sperren uns ein, beziehungslos, mit unserem Aschegeld, das uns nichts verschafft, für das es sich zu leben lohnte.

TdH

✳

Und die Güter dieser Erde rinnen durch die Finger wie feiner Dünensand. **TdH**

✳

Befreie den Menschen, und er wird schöpferisch. **Cit**

✳

Im Namen des Menschen schmäht man die Prinzipien. Doch der Mensch ist Mensch aufgrund der Prinzipien, die ihn geformt haben. Befreien heißt daher immer zerstören. **Carn**

Den Menschen achten! Den Menschen achten! ...
Das ist der Prüfstein. Wenn der Nazist ausschließlich
den achtet, der ihm ähnlich ist, achtet er nichts als sich
selbst. Er lehnt schöpferische Gegensätze ab, vernichtet jegliche Hoffnung auf einen Aufstieg und schafft
für tausend Jahre an Stelle des Menschen den Roboter
im Termitenhügel. Ordnung um der Ordnung willen
nimmt dem Menschen seine wesentliche Fähigkeit,
nämlich die, sowohl sich selbst als auch die Welt zu
verwandeln. Das Leben schafft Ordnung, doch Ordnung bringt kein Leben hervor.   **LO**

✳

Das Reich des Menschen liegt im Inneren.   **TdH**

✳

Wenn die Achtung vor dem Menschen im Herzen
der Menschen gründet, dann werden die Menschen
eines Tages dazu kommen, dass sie im Gegenzug das
gesellschaftliche, politische oder wirtschaftliche System begründen, das diese Achtung heiligt.   **LO**

Er wusste nicht, dass Könige sich die Welt sehr einfach zurechtlegen. Alle Menschen sind Untertanen.

PP

✶

Ich glaube, dass der Vorrang des Menschen einzig die Gleichheit und die Freiheit begründet, die einen Sinn haben. Ich glaube an die Gleichheit der Menschenrechte über jeden Einzelnen hinweg. Und ich glaube, dass der Aufstieg des Menschen die Freiheit ausmacht. Gleichheit heißt nicht Gleichförmigkeit. Freiheit ist nicht die Verherrlichung des Einzelnen gegen den Menschen. Ich werde jedweden bekämpfen, der es unternimmt, die Freiheit des Menschen einem Einzelnen – oder einer Masse von Einzelnen – unterzuordnen. **PG**

✶

Genauso, wie Freiheit keineswegs Zügellosigkeit bedeutet, ist Ordnung keineswegs die Abwesenheit von Freiheit. **Cit**

Seltsamerweise sind wir den Dingen untertan, vermutlich aufgrund der Werbung, die uns lange schon dazu erzogen hat. Das bringt uns um unser Menschsein … **Carn**

✳

Wenn du die Menschen verstehen willst, fang damit an, dass du ihnen nicht zuhörst. Der Nagelschmied erzählt dir von seinen Nägeln. Der Astronom von seinen Sternen. Und alle vergessen das Meer. **Cit**

✳

Menschen. Nicht sich aufopfern für das, was sie sind, sondern für das, was sie werden können. **Carn**

✳

Wir sind hervorgegangen aus Lavaschmelz, aus Sternenstaub, aus einer lebendigen Zelle, die wunderbarerweise aufging, und ganz allmählich schwangen wir uns dazu empor, Kantaten zu schreiben und das Gewicht der Galaxien abzumessen. **TdH**

Derjenige, der ganz schlicht unterm Sternenzelt über eine Handvoll Schafe wacht, wird, sobald ihm seine Funktion zu Bewusstsein kommt, gewahr werden, dass er mehr erfüllt als nur seine Aufgabe. Er ist ein Wachtposten. Und jeder Wachtposten trägt Verantwortung für das gesamte Reich.   **TdH**

✳

Erst wenn wir uns der Rolle, die wir spielen, bewusst werden, sei sie auch noch so unscheinbar, erst dann werden wir glücklich sein. Erst dann werden wir in Frieden leben und in Frieden sterben können. Denn was dem Leben einen Sinn gibt, gibt auch dem Tod einen Sinn.   **TdH**

✳

Die Sozialisten führen auf merkwürdige Weise vor, wie man seine eigene Wahrheit erschafft. Sie haben weder ganz recht noch ganz unrecht, aber weil sie nur halb genial sind, erschaffen sie auch ihre Wahrheit nur halb.   **Carn**

Henri Guillaumet, mon camarade,

je te dédie ce livre.

Widmung Saint-Exupérys für René Gavoille in einem
Exemplar von *Terre des Hommes* (1940).
Unten: »das bin ich, aus dem Kriegsdienst entlassen und
ungewiss über die Zukunft«.

Die kommunistische Partei besitzt vielleicht eher als die sozialistische eine Vorstellung von Größe, deshalb zieht sie Menschen an, die des Glaubens bedürfen.

Carn

✹

Wenn du eine Religion klagen hörst, die Menschen würden sich nicht erobern lassen, lach einfach. Die Religion muss die Menschen aufnehmen, nicht die Menschen sich ihr unterwerfen. **Cit**

✹

Jegliche Propaganda ist ein Monster ohne Moral, das, um seine Wirkungen zu erzielen, an jedes x-beliebige Gefühl appelliert, sei es edel, gewöhnlich oder niedrig. **LAm**

✹

Wer, in meiner Kultur, anders ist als ich, kränkt mich nicht, er bereichert mich vielmehr. **PG**

Der Zweck heiligt die Mittel. Ja, wenn die Mittel nicht dem Zweck entgegenstehen. Eine linke Revolution machen aus Verehrung für den Menschen (oder dessen, was im Menschen Schönes liegt), gut. Aber nicht auf dem Wege der Verleumdung, der Diffamierung und der Erpressung, die ein Mangel an Verehrung für den Menschen oder des Schönen in ihm sind. **Carn**

✳

Wenn es eine Wahl gibt zwischen der Herrschaft eines Einzelnen und der Herrschaft der Masse ... so meine ich – und die kleine Stadt in der Provinz lehrt es mich –, dass die Herrschaft der Masse die erdrückendste und ungerechteste ist. **Carn**

✳

Vielleicht liegt die Größe eines Berufs vor allem darin, die Menschen zu vereinen: Es gibt nur einen wahren Luxus, den der menschlichen Beziehungen. **TdH**

Wenn der Mensch, um sich als Mensch zu fühlen, das Bedürfnis hat, an Wettrennen teilzunehmen, im Chor zu singen oder Krieg zu führen, sind das schon Bande, die er sich auferlegt, um sich mit anderen und mit der Welt zu verbinden. Sehr armselige allerdings. Wenn eine Kultur stark ist, erfüllt sie den Menschen, selbst wenn er auf der Stelle verharrt. **PG**

✶

Der Krieg ist kein Abenteuer. Der Krieg ist eine Krankheit. Genau wie Typhus. **PG**

✶

Ich wurde Zeuge, wie die Flamme der Freiheit die Menschen erstrahlen ließ, und die Tyrannei ließ sie verdummen. **Cit**

Die ungeheure Absurdität der heutigen Zeit liegt mir schwer auf dem Herzen. Es ist doch immer dasselbe: Unser Zeitalter ist gedanklich nicht bewältigt. Weil sich seit hundert Jahren alles viel zu schnell entwickelt hat und weil das Denken ein viel zu langsamer Verdauungsprozess ist. **LCh**

✳

Was mir viel mehr Angst macht als der Krieg, ist die Welt von morgen. All diese zerstörten Dörfer, all diese auseinandergerissenen Familien. Der Tod ist mir gleichgültig, aber ich will nicht, dass man die geistige Gemeinschaft antastet. Ich möchte, dass wir alle vereint sind um eine weißgedeckte Tafel. **LM**

Sprache und Denken

Indem er darüber spricht, gibt der Mensch dem Universum eine Ordnung, und wenn die Begriffe, die er verwendet, keine Ordnung mehr schaffen, tauscht er sie gegen andere aus und schafft dadurch eine allgemeinere Ordnung. Darin liegt der einzige, der wahre wissenschaftliche Fortschritt. Und ich weiß genau, dass ich meine gesamten begrifflichen Vorstellungen demnächst verwerfen werde, dass sie sich alle als falsch erweisen werden in dem Sinne, in dem der Laie dieses Wort versteht. Aber was macht das mir aus, der einzig danach strebt, die Welt mehr und mehr zu ordnen und zu diesem Zweck die beste »aktuelle« Sprache zu finden. **Carn**

✦

Sehnsucht ist das Verlangen nach etwas Undefinierbarem. Das Objekt des Verlangens existiert, doch hat man keine Worte, um es zu beschreiben. **TdH**

Das Leben ist weder einfach noch kompliziert, weder hell noch dunkel, weder widersprüchlich noch wohlgeordnet. Es ist. Allein die Sprache gibt ihm eine Ordnung oder macht es kompliziert, erhellt oder verdunkelt es, zerstückelt es oder fügt es zusammen.   **Cit**

✦

Wahrheit, Sie wissen es, ist das, was die Welt einfacher macht, nicht das, was das Chaos erzeugt.   **TdH**

✦

Über manche Wunder schweigt man besser. Es ist sogar besser, wenn man nicht zu sehr daran denkt, denn sonst versteht man gar nichts mehr. Sonst zweifelt man an Gott …   **TdH**

✦

Das Leben bestimmt sich entgegen der Statistik. Es ist absurd, es durch Statistik erklären zu wollen.   **Carn**

Was uns quält, ist so alt wie das Menschengeschlecht. Es hat den Fortschritt der Menschheit dominiert. Eine Gesellschaft entwickelt sich, und man versucht immer noch, unter Verwendung einer veralteten Sprache die gegenwärtigen Realitäten zu erfassen. Ob sie taugt oder nicht, man ist gefangen in einer Sprache und den Bildern, die sie mit sich führt. Eine unzureichende Sprache wird allmählich widersprüchlich; nie sind es die Realitäten. Erst wenn der Mensch neue Begriffe bildet, befreit er sich. Das Verfahren, das uns voranbringt, besteht nicht darin, dass wir uns eine zukünftige Welt vorstellen: Wie sollten wir in der Lage sein, die unvorhergesehenen Widersprüche zu berücksichtigen, die schon morgen aufbrechen und, indem sie neue Zusammenhänge schaffen, den Lauf der Geschichte ändern? Die zukünftige Welt entzieht sich der Analyse. Der Mensch schreitet voran, indem er eine Sprache ausbildet, mit der er die Welt, in der er lebt, denken kann.   **Art**

✶

Ich bin auf der Hut vor dem, der gern von einem Standpunkt aus urteilt. Genauso wie vor jenem, der sich als Botschafter einer großen Sache betrachtet, sich ihr unterordnet und blind wird.   **Cit**

Einzig geistige Freiheit lässt ein Voranschreiten des Denkens zu. **Am**

✸

Es mag schon sein, dass die Wissenschaft ausschließlich durch Beobachtung voranschreitet – oder, wenn man das vorzieht – einzig die Beobachtung schlägt sich in der Wissenschaft nieder. Und doch, wenn das so wäre, würde man nicht verstehen, warum nicht schon die Babylonier die Wissenschaft begründet haben. **Carn**

✸

Es wäre wirklich seltsam, würde der Mensch allein durch sein Reden die Welt erfassen und ihr Kohärenz verleihen – und nicht sich selbst und dem, was sein eigenes Leben betrifft. **Carn**

✸

Ich nehme die Welt mit Hilfe der Wörter in Besitz.

Carn

Zeichnung Saint-Exupérys im Brief an eine Freundin, ca. 1943.
In der Sprechblase: »Es ist traurig … niemand denkt daran,
mich anzurufen …«

Ich denke in Widersprüchen. Meine Wahrheit besteht aus Bruchstücken, und ich kann sie nur eines nach dem anderen betrachten. Bleibe ich am Leben, so werde ich die Nacht abwarten, um nachzudenken. Die geliebte Nacht. Nachts schläft die Vernunft, und die Dinge existieren einfach. Diejenigen, die wirklich wichtig sind, nehmen ihre Gestalt an, überstehen das zerstörerische Werk der Analysen des Tags. Der Mensch fügt seine Bruchstücke von neuem zusammen und wird wieder zum Baum, der in sich ruht.

PG

✴

Die ganze Sprachlosigkeit unseres Zeitalters trifft mich mehr als alles andere. Ich habe dermaßen Lust, sie jetzt schon alle alleinzulassen, diese Dummköpfe. Was habe ich hier zu schaffen, auf diesem Planeten? Man will mich nicht? Das trifft sich gut: Ich will die auch nicht. Meine Zeitgenossenuniform gebe ich ihnen gern zurück. Ich kann auch nicht einen finden, der etwas zu sagen hätte, das mich interessiert. Sie hassen mich? Das ist vor allem ermüdend, ich würde mich gern ausruhen. Ich möchte ein Gärtner sein inmitten seines Gemüses. Oder tot.   **LCh**

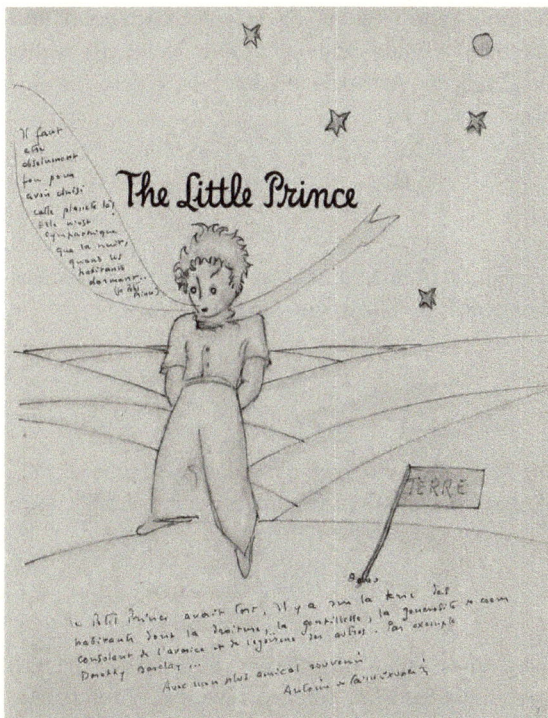

Zeichnung Saint-Exupérys auf dem Innentitel der englischen Erstausgabe von *Le Petit Prince* (1943). In der Sprechblase: »Man muss total verrückt sein, dass man diesen Planeten gewählt hat. Er ist nur bei Nacht erträglich, wenn die Bewohner schlafen.«

Wenn Wahrheiten völlig offensichtlich sind und einander komplett widersprechen, bleibt dir nichts übrig, als die Art, wie du darüber redest, zu ändern. **Cit**

✳

Erkenntnis ist nicht der Besitz der Wahrheit, sondern einer in sich geschlossenen Sprache. **Carn**

✳

Die Menschen verfügen nicht über die Sprache, mittels derer sich die Welt von heute denken ließe. **Carn**

✳

Die Stunde ist gekommen, geradeaus zu denken und Wörter, die jeglichen Gebrauchswert verloren haben, mit Bedeutung zu nähren, denn die Probleme, vor denen wir stehen, sind neu, sind verwirrend und widersprüchlich. **LK**

Wenn es nun darum geht, über den Menschen zu sprechen, ist die Sprache untauglich. Der Mensch unterscheidet sich von den Menschen. Man sagt nichts Wesentliches über die Kathedrale aus, wenn man nur von den Steinen spricht. Man sagt nichts Wesentliches über den Menschen aus, wenn man ihn durch die Eigenschaften eines Menschen zu definieren sucht. **PG**

Man muss mich so, wie ich bin, in meinen Werken suchen, die das akkurate und wohlüberlegte Resultat dessen sind, was ich sehe und denke. Dann kann ich mich in der Ruhe meines Zimmers oder eines Bistros mir selbst gegenüber setzen und mich ohne jegliche literarische Verstellung oder Verbrämung konzentriert ausdrücken. Dann fühle ich mich aufrichtig und gewissenhaft. Man möge mir verzeihen, dass ich nicht leichthin an der Oberfläche schwebe, sondern mittendrin bleibe. Man ist, wie man kann, und das fällt manchmal sogar ein bisschen schwer. Es gibt ziemlich wenige Leute, die sagen könnten, dass ich mich ihnen wirklich anvertraut hätte oder dass sie mich im geringsten kennten. **LM**

Wenn ich mich an der zunehmenden Komplexität der gegenwärtigen Wissenschaft stoße, spüre ich, dass die Wissenschaft immer schwieriger wird. Gleichwohl war sie noch viel schwieriger, als man die Natur zu erforschen begann, die für die damalige Sprache weit widersprüchlicher und verwirrender war.

Wir brauchen eine neue Sprache.   **Carn**

Letzte Worte

Am 31. Juli 1944, um 8.45 Uhr, startete Antoine de Saint-Exupéry von Korsika aus zu seinem letzten Flug. Auf dem Tisch in seiner Offizierskammer hinterlässt er zwei Briefe, einer davon ist adressiert an den Freund Pierre Dalloz, der zu jener Zeit im Untergrund gegen die deutschen Besatzer kämpft:

Mein lieber, lieber Dalloz, wie sehr mir ein paar Zeilen von Ihnen fehlen! Sie sind wahrscheinlich der einzige Mensch auf diesem Kontinent, den ich als solchen anerkenne. Ich hätte gern gewusst, wie Sie über die heutige Zeit denken. Ich selbst verzweifle.

Ich stelle mir vor, Sie denken, dass ich in jeder Hinsicht, in allen Bereichen recht hatte. Was für ein Mief! Der Himmel möge bewirken, dass Sie mir unrecht geben. Wie froh wäre ich über Ihr Urteil.

Ich hier führe Krieg so gründlich wie möglich. Ich bin sicherlich von allen Kampffliegern der Welt der älteste. Die Altersgrenze liegt für das einsitzige Jagdflugzeug, das ich fliege, bei dreißig Jahren. Und neulich ist mir ein Motor ausgefallen, auf 10 000 Meter Höhe, über Annecy, genau um die Zeit, als ich ... vierundvierzig Jahre alt wurde. Während ich mit der Geschwindigkeit einer Schildkröte über die Alpen torkelte und sämtlichen deutschen Jagdverbänden ausgeliefert war, kicherte ich leise vor mich hin beim Gedanken an die Superpatrioten, die meine Bücher in Nordafrika verbieten. Das ist lustig!

Seit meiner Rückkehr zur Jagdstaffel (diese Rückkehr ist ein Wunder) ist mir nichts erspart geblieben, Motorpanne, Ohnmacht wegen mangelnder Sauerstoffzufuhr, Verfolgung durch Jäger und auch ein Brand während des Flugs. Ich denke nicht, dass ich geize, und ich halte mich für einen guten Zimmermann. Das ist meine einzige Befriedigung. Das, und wenn ich stundenlang als einziges Flugzeug, als Einziger an Bord, über Frankreich meine Kreise ziehe und Fotos mache. Das ist doch seltsam.

Hier ist man weit entfernt vom Hassgebrodel, trotz aller Freundlichkeit der Staffel ist doch ein bisschen menschliches Elend dabei. Nie habe ich jemanden, mit dem ich reden kann. Es ist schon etwas, wenn es Leute sind, mit denen man leben kann. Doch welche geistige Einsamkeit.

Wenn sie mich runterholen, werde ich absolut nichts bereuen. Vor dem künftigen Termitenhaufen graut es mir. Und ich hasse ihre Robotertugend. Ich war dazu geschaffen, Gärtner zu sein.

SAINT-EX.   LDI [30. Juli 1944]

Das Testament

Citadelle, das Buch, das doppelt so umfangreich ist wie alle zuvor erschienenen Werke Saint-Exupérys zusammen, wird häufig als sein Testament bezeichnet. Saint-Exupéry begann 1936 daran zu arbeiten und konnte es nicht mehr vollenden; die erste Ausgabe erschien 1948, nach seinem Tod. Eines der letzten Kapitel endet mit diesen Worten:

Herr, ich bin jetzt alt, bin von der Schwäche der Bäume, wenn der Winter stürmt. Müde meiner Feinde wie auch meiner Freunde. Unbefriedigt in meinem Denken, da ich gezwungen bin, gleichermaßen zu töten und zu heilen, denn ich habe von Dir das Bedürfnis, alle Gegensätze zu meistern, das mein Schicksal so grausam macht. Und auf diese Weise gleichwohl gezwungen, über immer weniger Fragen zu Deiner Stille emporzusteigen.

Herr, gewähre die Gnade, stelle zwischen jenem, der im Norden meines Reiches ruht und mein innig geliebter Feind war, und dem Landvermesser, dem einzig wahren, meinem Freund, und mir selbst, der ich, ach!, den Kamm überschritten habe und meine Generation zurücklasse wie auf dem Hang eines nunmehr bezwungenen Berges, die Einheit her zu Deiner

Herrlichkeit und lass mich einschlafen im Schoße jener Sandwüsten, in denen ich gute Arbeit verrichtet habe. **Cit**

Anhang

Zur Auswahl

Alle Zitate sind der zweibändigen Ausgabe der Werke Saint-Exupérys in der Bibliothèque de la Pléiade entnommen:

> Antoine de Saint-Exupéry: Œuvres complètes. Édition publiée sous la direction de Michel Autrand et de Michel Quesnel avec la collaboration de Frédéric d'Agay, Paul Bounin et Françoise Gerbod. 2 Bände. Paris: Éditions Gallimard, 1994. (1212 und 1510 Seiten.)

Nach einem Zitat ist jeweils das Werk angegeben, aus dem es stammt. Die Abkürzungen bedeuten im einzelnen (in Klammern die Titel der deutschen Übersetzungen):

Am	Aux Américains
Art	Articles
Carn	Carnets
Cit	Citadelle (*Die Stadt in der Wüste*)
CSud	Courrier Sud (*Südkurier*)
LAm	Lettre à un Américain (*Brief an einen Amerikaner*)
LAmis	Lettres aux amis

Die Übersetzung aus dem Französischen besorgte Willi Verlaat.

Abbildungsnachweis: 1 akg-images; 16 chateau-de-sonnay.fr; 38 baaa-acro.com; 45, 51 thisdayinaviation.com; 57, 67 sothebys.com; 69 christies.com; 84, 85 asav-valleedelamole.over-blog.com.

Zum Weiterlesen

Bekenntnis einer Freundschaft. Brief an einen Ausgelieferten. Übersetzt von Josef Leitgeb. 60 Seiten.

Briefe an die Mutter. Übersetzt von Oswalt von Nostitz und Annette Lallemand. Karl Rauch Verlag. 260 Seiten.

Flug nach Arras. Übersetzt von Fritz Montfort. Karl Rauch Verlag. 240 Seiten.

Der kleine Prinz. Übersetzt von Ulrich Bossier. Reclam Verlag. (Universal-Bibliothek.) 112 Seiten.

Nachtflug. Übersetzt von Annette Lallemand. Karl Rauch Verlag. 128 Seiten.

Romane, Briefe, Dokumente. (Südkurier – Wind, Sand und Sterne – Flug nach Arras – Carnets – Kleine Schriften – Briefe an Rinette – Briefe an Lucie-Marie Decour – Nachtflug.) Karl Rauch Verlag. 984 Seiten.

Die Stadt in der Wüste. Übersetzt von Oswalt von Nostitz. Karl Rauch Verlag. 744 Seiten.

Südkurier. Übersetzt von Paul Graf Thun-Hohenstein. Karl Rauch Verlag. 176 Seiten.

Wind, Sand und Sterne. Übersetzt von Henrik Becker. Karl Rauch Verlag. 220 Seiten.

»Der kleine Prinz« auf Französisch mit Worterklärungen:

Le Petit Prince. Herausgegeben von Ernst Kemmner.
Reclam Verlag. (Universal-Bibliothek. Fremdspra-
chentexte.) 136 Seiten.

*Die Werke auf Französisch in einem großformatigen
und preisgünstigen Band:*

Du vent, du sable et des étoiles. Œuvres. (Courrier
Sud – Vol de nuit – Terre des hommes – Pilote de
guerre – Le Petit Prince – Lettre à un otage – Citadelle – Poèmes de guerre – L'Adieu – Le Carnet de
Casablanca – «Un vol» et autres contes – Poèmes
pour Loulou – Manon, danseuse – L'Aviateur – Let-
tres à l'inconnue – Souvenirs et correspondances –
Scénarios – Manuscrits et dessins.) Paris: Gallimard.
1679 Seiten; 602 Abbildungen.

Die Erinnerungen von Saint-Exupérys Schwester:

Simone de Saint-Exupéry: Fünf Kinder in einem Park.
Die Kindheit des kleinen Prinzen. Übersetzt von
Barbara Scriba-Sethe. Karl Rauch Verlag. 192 Seiten.

Nachwort

Antoine de Saint-Exupéry wird am 29. Juni 1900 als Spross einer Adelsfamilie in Lyon geboren. Trotz des frühen Todes seines Vaters (1904) verlebt er eine glückliche, behütete und von materiellen Sorgen ungetrübte Kindheit auf dem großelterlichen Familiensitz La Mole in Südfrankreich, ohne allerdings in der Schule zu glänzen.[1] Gleichwohl legt er 1917 das *baccalauréat* in einem Internat bei Villefranche ab, scheitert aber in der Aufnahmeprüfung für die *École Navale*, was seinen Traum von einer Karriere als Marineoffizier jäh beendet. Erschüttert vom Tod seines Bruders im gleichen Jahr, beginnt Saint-Exupéry ein Studium der Architektur an der *École nationale supérieure des beaux-arts*, die er jedoch ohne Abschluss wieder verlässt.

Nach zweijährigem Wehrdienst bei der Luftwaffe in Straßburg von 1921 an und einer Ausbildung zum Flugzeugmechaniker absolviert er nach einigen Hindernissen und mittels von ihm selbst bezahlter Flugstunden seine Ausbildung zum Piloten. Saint-Exupé-

---

[1] Bei Saint-Exupéry, der sich später als glänzender Stilist mit wortgewaltig prägnanter Darstellung hervortat, haperte es ausgerechnet im französischen Aufsatz.

Das Schloss La Mole in Südfrankreich, wo Saint-Exupéry
häufig bei seinen Großeltern die Ferien verbrachte

ry versucht sich auch kurze Zeit in bürgerlichen Beru-
fen, so zum Beispiel als kaufmännischer Angestellter
und Vertreter für Lastwagen, ohne indessen seine ei-
gentliche Berufung, die Fliegerei, aus den Augen zu
verlieren.

1926 wird er Angestellter beim Luftfrachtunterneh-
men Latécoère, aus dem später die französische *Aéropostale* hervorgehen wird. Zunächst fliegt er die Stre-
cken von Toulouse nach Dakar und von Dakar nach
Casablanca und übernimmt 1926 die schwierige Auf-

Marie de Saint-Exupéry und ihre Söhne Francois und
Antoine (rechts)

gabe der Leitung des Wüstenflugplatzes Cap Juby. Die
sich daraus ergebenden Konflikte mit Beduinenstäm-
men und seine Rettungseinsätze bei Notlandungen
von Flugkollegen finden Eingang in seine ersten Romane.[2] 1929 avanciert er zum Leiter der argentinischen

2 »[...] bereits damals machten rebellische Wüstenstämme
   die Kolonie Rio de Oro in Nordwestafrika unsicher. Der
   Flugverkehr musste vorübergehend eingestellt werden,
   nachdem Eingeborene notgelandete Flieger zu Tode ge-
   quält hatten. Saint-Exupéry schaffte es innerhalb weniger

Luftfrachtgesellschaft, wo ihm die heikle Aufgabe der Organisation und Durchführung von Nachtflügen obliegt. Die einschlägigen Erfahrungen dabei verarbeitet er literarisch in seinem ersten Roman *Courrier Sud* von 1929 und im 1931 veröffentlichten zweiten *Vol de Nuit*. In dieser Zeit trifft er auch mit den legendären französischen Flugpionieren der *Aéropostale*, Jean Mermoz und Henri Guillaumet, zusammen, die Vorbild für manche seiner Romanfiguren werden und mit denen zusammen er die Flugfrachtlinie bis nach Patagonien ausbaut.

Nachdem Saint-Exupéry für seine Verdienste auf Cap Juby und beim Aufbau der französischen Verkehrsfliegerei 1930 zum Ritter der Ehrenlegion ernannt wird, heiratet er im Jahr darauf Consuelo Suncín, was ihn in seinem Drang zu unstetem Leben mit Abenteuercharakter aber nicht bremst. Nachdem 1932 seine Luftfrachtgesellschaft von *Air France* geschluckt und seine berufliche Zukunft als Postflieger prekär wird, versucht er verstärkt, sein Brot als Schriftsteller und Journalist zu verdienen, zum Bei-

Monate, die Rebellen zu befrieden: Er gewann das Vertrauen der Anführer und wurde am Ende sogar zum Schiedsmann gemacht, der Fehden der Stämme untereinander zu schlichten hatte« (zit. nach: *Der Spiegel* 6, 1960: »Saint-Exupéry – Ein bisschen Zorn«; www.spiegel.de/spiegel/print/d-43063198.html).

spiel als Berichterstatter für *Paris-Soir* und den *Intransigeant* mit Reportagen über Vietnam, Russland oder wieder ab 1937, diesmal über den Spanischen Bürgerkrieg.[3] Daneben bleibt er Testpilot und wird 1935 im Zuge eines versuchten Rekordflugs, zusammen mit seinem Bordmechaniker Prévot, in der libyschen Wüste in Ägypten zu einer Notlandung gezwungen. Nach fünftägigem Ausharren in der Wüste ohne Wasser und Lebensmittel werden die beiden schließlich wie durch ein Wunder noch durch eine Karawane gerettet – die Situation der in der Wüste Gestrandeten ähnelt der Ausgangssituation in *Le Petit Prince*. Das achtundfünfzig Seiten umfassende Manuskript aus der Feder Saint-Exupérys mit der Schilderung des Flugabenteuers und der dramatischen Rettung wurde 2009 versteigert. Die Grenzerfahrungen dieses Überlebenskampfes finden auch Eingang in seinen dritten Roman *Terre des Hommes* von 1939. Für dieses Werk, das in Amerika unter dem Titel *Wind, Sand and Stars* zum Bestseller wird und in dem das Hohe Lied von Männerfreundschaft, Pflichtbewusstsein, Solidarität, Brüderlichkeit und

---

3 Ernüchtert und ganz ohne verherrlichendes Kriegspathos schreibt er hierzu: »Es herrscht hier eine Krankenhausatmosphäre. Ja, das empfand ich deutlich […] Ein Bürgerkrieg ist kein Krieg, sondern eine Krankheit« (zit. nach: *Der Spiegel* 6, 1960, s. Fußn. 2).

Humanität gesungen wird, erhält Saint-Exupéry den Preis der Académie Française.

Bereits 1938 kommt es zu einem weiteren dramatischen Vorfall, bei dem Saint-Exupéry um Haaresbreite dem Tod entgeht. Bei einem Langstreckenflug von New York nach Feuerland wird er über Guatemala in einen Absturz verwickelt, bei dem er sich eine Schädelfraktur und diverse Knochenbrüche zuzieht, von denen er sich zeitlebens nicht mehr richtig erholt. Obwohl er wegen der Verletzungsfolgen eigentlich dienstunfähig ist, meldet er sich 1939 zum Kriegsdienst und wird in der Pilotenausbildung eingesetzt. Er steigt in den Rang eines Majors auf und fliegt für kurze Zeit Einsätze in einem Aufklärungsgeschwader, bis die deutsche Offensive bereits im Juni 1940 mit dem völligen Zusammenbruch Frankreichs endet.

Im selben Jahr geht Saint-Exupéry auf Einladung seines Verlegers nach New York, wo erste Überlegungen zu *Le Petit Prince* Gestalt annehmen, der 1943 bei Reynal & Hitchcock erscheint. Ab diesem Jahr wird Saint-Exupéry auch wieder Pilot der französischen Luftwaffe, obwohl seine Flugkünste aufgrund der Verletzungsfolgen deutlich nachgelassen haben und er eigentlich bereits ausgemustert ist. Seine Staffel wird nach Sardinien, später nach Korsika verlegt. Bei einem Aufklärungsflug am 31. Juli 1944 vom Flughafen Borgo bei Bastia auf Korsika aus wird er am Abend als vermisst gemeldet. Bis zum heutigen Tag ist nicht abschließend geklärt, ob Saint-Exupérys Flugzeug von einem deutschen Abfangjäger abgeschossen wurde oder ob bei seinem Absturz technisches oder menschliches Versagen vorlag.[4] In seinem letzten Brief vor seinem Tod scheint sogar eine Art Todesahnung durch, wenn er über zukünftige Entwicklungen sagt: »Wenn sie mich runterholen, werde ich absolut nichts bereuen. Vor dem künftigen Termitenhaufen graut es mir. Und ich hasse ihre Robotertugend« (siehe S. 74).

Ernst Kemmner

4 »›Es ist in der Nähe von Toulon passiert‹, sagte der 88-jährige Horst Rippert am Samstag der Nachrichtenagentur AFP. ›Er flog unter mir, ich war über der See auf einem Aufklärungsflug.‹ Er habe das französische Hoheitszeichen am Flugzeug gesehen, sei eine Kurve geflogen und habe sich hinter den französischen Flieger gesetzt [...]. Dann habe er ihn abgeschossen. ›Wenn ich gewusst hätte, dass das Saint-Exupéry war, hätte ich niemals geschossen, niemals‹, beteuerte der ehemalige Luftwaffen-Pilot. Der Franzose sei einer seiner Lieblingsautoren gewesen. Er habe erst sehr viel später erfahren, dass er für das Verschwinden des Schriftstellers verantwortlich sei, sagte Rippert, der später als Sportjournalist beim ZDF arbeitete« (zit. nach: derstandard.at/3266412?seite=2).

Inhalt

Herzensworte

Anhang